CW00485302

ANTOLOJÍA PERSONAL

JUAN RAMÓN JIMÉNEZ

ANTOLOJÍA PERSONAL

VISOR MADRID 1995

VOLUMEN CCCXLII DE LA COLECCIÓN VISOR DE POESÍA

1ª edición mayo, 1996
2ª edición febrero, 1997

© Herederos de J.R. Jiménez
© VISOR LIBROS
Isaac Peral, 18 - 28015 Madrid
ISBN: 84-7522
Depósito Legal: M- 42122-1995

Impreso en España - *Printed in Spain*
Gráficas Muriel. C/ Buhigas, s/n. Getafe (Madrid)

De
SONETOS ESPIRITUALES
(1914-1915)

AL SONETO CON MI ALMA

Como en el ala el infinito vuelo,
como en la flor está la esencia errante,
lo mismo que en la llama el caminante
fulgor, y en el azul el solo cielo;

como en la melodía está el consuelo,
y el frescor en el chorro, penetrante,
y la riqueza noble en el diamante,
así en mi carne está el total anhelo.

En ti, soneto, forma, esta ansia pura
copia, como en un agua remansada,
todas sus inmortales maravillas.

La claridad sin fin de su hermosura
es, cual cielo de fuente, ilimitada
en la limitación de tus orillas.

RETORNO FUGAZ

¿Cómo era, Dios mío, cómo era?
—¡Oh, corazón falaz, mente indecisa!—
¿Era como el pasaje de la brisa?
¿Como la huida de la primavera?

Tan leve, tan voluble, tan ligera
como estival villano… ¡Sí! Imprecisa
como sonrisa que se pierde en risa…
¡Vana en el aire, igual que una bandera!

¡Bandera, sonreír, vilano, alada
primavera de junio, brisa pura!…
¡Qué loco fue tu carnaval, qué triste!

Todo tu cambiar trocóse en nada
—¡memoria, ciega abeja de amargura!—
¡No sé cómo eras, yo que sé qué fuiste!

A LA POESÍA

ÁRBOL JOVEN Y ETERNO, CASTILLO DE BELLEZA

(En el libro «Árbol añoso»,
de Narciso Alonso Cortés)

Sí: en tu cerca ruin, que desordena
ya abril con su pasión verdecedora,
al sol más libre, ¡oh árbol preso!, dora
tu cúpula broncínea, blanda y plena.

Por ti es fuerte tu cárcel; por ti amena
su soledad inerme. Inmensa aurora
es tu sombra interior, fresca y sonora
en el yermo sin voz que te encadena.

Ave y viento, doble ala y armonía,
vendrán a tu prisión, sin otro anhelo
que el de la libertad y la hermosura…

Espera, ¡el árbol solo —el alma mía!—,
seguro en ti e incorporado al cielo,
firme en la escelsitud de tu amargura.

(Septiembre, 1994)

11

AL MAR ANOCHECIDO

¡Si su belleza en mí morir pudiera
como en ti, mar, se borran los colores
que el sol divino te dejó, en las flores
de luz de toda su jentil carrera!

Mas ¿qué es la muchedumbre, pasajera
eterna, de este oleaje de dolores,
para tal resplandor de resplandores,
alba sola de toda primavera?

¡Mar, toma tú, esta tarde sola y larga,
mi corazón, y da a su sufrimiento
tu anochecer sereno y estendido.

¡Que una vez sienta él cual tú, en la amarga
infinitud de su latir sangriento,
el color uniforme del olvido!

A MI ALMA

Siempre tienes la rama preparada
para la rosa justa; andas alerta
siempre, el oído cálido en la puerta
de tu cuerpo, a la flecha inesperada.

Una onda no pasa de la nada,
que no se lleve de tu sombra abierta
la luz mejor. De noche, estás despierta
en tu estrella, a la vida desvelada.

Signo indeleble pones en las cosas.
Luego, tornada gloria de las cumbres,
revivirás en todo lo que sellas.

Tu rosa será norma de las rosas,
tu oír de la armonía, de las lumbres
tu pensar, tu velar de las estrellas.

De
EN EL OTRO COSTADO
(1936-1942)

ESPACIO

FRAGMENTO 1.º

Los dioses no tuvieron más sustancia
que la que tengo yo. Yo tengo, como ellos,
la sustancia de todo lo vivido
y de todo lo por vivir. No soy presente sólo,
sino fuga raudal de cabo a fin. Y lo que veo
a un lado y otro, en esta fuga,
rosas, restos de alas, sombra y luz,
es sólo mío,
recuerdo y ansia míos, presentimiento, olvido.
¿Quién sabe más que yo, quién,
qué hombre o qué dios, puede,
ha podido, podrá decirme a mí
qué es mi vida y mi muerte, qué no es?
Si hay quien lo sabe,
yo lo sé más que ése, y si lo ignora,
más que ése lo ignoro.
Lucha entre este saber y este ignorar
es mi vida, su vida, y es la vida. Pasan vientos
como pájaros, pájaros igual que flores,
flores soles y lunas, lunas soles
como yo, como almas, como cuerpos,
cuerpos como la muerte y la resurrección,
como dioses. Y soy un dios
sin espada, sin nada
de lo que hacen los hombres con su ciencia;

sólo con lo que es producto de lo vivo,
lo que se cambia todo; sí, de fuego
o de luz, luz. ¿Por qué comemos y bebemos
otra cosa que luz o fuego? Como yo he nacido
en el sol y del sol he venido aquí a la sombra,
¿soy del sol, como el sol alumbro? y mi nostaljia,
como la de la luna, es haber sido sol
y reflejarlo sólo ahora. Pasa el iris
cantando como canto yo. Adiós iris, iris,
volveremos a vernos, que el amor
es uno solo y vuelve cada día.
¿Qué cosa es este amor de todo, cómo se me ha hecho
en el sol, con el sol, en mí conmigo?
Estaba el mar tranquilo, en paz el cielo,
luz divina y terrena los fundía
en clara plata oro inmensidad,
en doble y sola realidad;
una isla flotaba entre los dos,
en los dos y en ninguno, y una gota
de alto iris perla gris temblaba en ella.
Allí estará esperándome el envío
de lo que no me llega nunca de otra parte.
A esa isla, ese iris, ese canto
yo iré, esperanza májica, esta noche.
Que inquietud en las plantas al sol puro,
mientras, de vuelta a mí, sonrío
volviendo ya al jardín abandonado.
¿Esperan más que verdear, que florear y que frutar,
esperan, como un yo, lo que me espera,
más que ocupar el sitio que ahora ocupan
en la luz, más que vivir como vivimos, más
que quedarse sin luz, más que
dormirse y despertar? Enmedio hay,

18

tiene que haber un punto, una salida,
el sitio del seguir más verdadero,
con nombre no inventado, diferente
de eso que es diferente e inventado,
que llamamos, en nuestro desconsuelo,
Edén, Oasis, Paraíso, Cielo,
pero que no lo es, y que sabemos
que no lo es, como los niños
saben que es no lo que no es que anda con ellos.
Contar, cantar, llorar, vivir acaso,
«elogio de las lágrimas», que tienen (Schubert,
tenido entre criados por un dueño)
en su iris roto lo que no tenemos,
lo que tenemos roto, desunido.
Las flores nos rodean
de voluptuosidad, olor, color, forma sensual;
nos rodeamos de ellas, que son sexos
de colores, de formas, de olores diferentes;
enviamos un sexo en una flor,
dedicado presente de oro de ideal,
a un amor virgen;
sexo rojo a un glorioso, sexos blancos
a una novicia, sexos violetas
a la yacente. Y el idioma,
qué confusión; qué cosas nos decimos
sin saber lo que nos decimos.
Amor, amor, amor (lo dijo Yeats)
«amor en el lugar del escremento».
¿Asco de nuestro ser, nuestro principio
y nuestro fin; asco de aquello
que más nos vive y más nos muere?
¿Qué es, entonces, la suma que no resta;
dónde está, matemático celeste,

la suma que es el todo y que no acaba?
Hermoso es no tener lo que se tiene,
nada de lo que es fin para nosotros,
es fin, pues que se vuelve
contra nosotros, y el fin nunca se nos vuelve.
Aquel chopo de luz me lo decía,
en Madrid, contra el aire turquesa del otoño:
«Termínate en ti mismo como yo».
Todo lo que volaba alrededor,
qué raudo era, y él qué insigne
con lo suyo, en lo suyo, verde y oro,
sin mejor en lo verde que en el oro.
Alas, cantos, luz, palmas, olas, frutas
me rodean, me envuelven en su ritmo,
en su gracia, en su fuerza delicada, y yo me olvido
de mí entre ello, y bailo y canto,
y río y lloro por los otros embriagado.
¿Esto es vivir? ¿Hay otra cosa
más que este vivir de cambio y gloria?
Yo oigo siempre esa música que suena
en el fondo de todo, más allá;
ella es la que me llama desde el mar;
por la calle, en el sueño.
A su aguda y serena desnudez,
siempre estraña y sencilla,
el ruiseñor es sólo un calumniado prólogo.
¡Qué letra,
luego, la suya!
El músico mayor tan sólo la ahuyenta.
Pobre del hombre
si la mujer oliera, supiera siempre a rosa.
Qué dulce la mujer normal, qué tierna,
qué suave (Villón), qué forma de las formas,

qué esencia, qué sustancia
de las sustancias, las esencias, qué lumbre de las lumbres;
la mujer, madre, hermana, amante.
Luego, de pronto, esta dureza
de ir más allá de la mujer,
de la mujer que es nuestro todo, donde
debiera terminar nuestro horizonte.
Las copas de veneno,
qué tentadoras son, y son de flores, yerbas y hojas.
Estamos rodeados de veneno
que nos arrulla como el viento,
arpas de luna y sol en ramas tiernas,
colgaduras ondeantes venenosas
y pájaros en ellas, como estrellas de cuchillo;
veneno todo, y el veneno
nos deja a veces no matar.
Eso es dulzura, dejación
de un mandato, y eso es pausa y escape.

Entramos por los robles melenudos;
rumoreaban su vejez cascada,
oscuros, rotos, huecos, monstruosos,
con colgados de telarañas fúnebres;
el viento les mecía las melenas,
en medrosos, estraños ondeajes,
y entre ellos, por la sombra baja, honda,
venía el rico olor del azahar,
de las tierras naranjas, grito
ardiente con gritillos blancos
de muchachas y niños.
Un árbol paternal, de vez en cuando,
junto a una casa, sola en un desierto

(seco y lleno de cuervos; aquel tronco
huero, gris, lacio, a la salida del verdor profuso,
con aquel cuervo muerto, suspendido
por una pluma de una astilla,
y los cuervos aún vivos posados ante él
sin atreverse a picotarlo, serios).
Y un árbol sobre un río. Qué honda vida
la de estos árboles, qué personalidad,
qué inmanencia, qué calma, qué llenura
de corazón total queriendo darse;
(aquel camino que partía
en dos aquel pinar que se anhelaba);
y por la noche, qué rumor
de primavera interna en sueño negro.
Qué amigo un árbol, aquel pino, verde, grande,
pino redondo, verde,
junto a la casa de mi Fuentepiña;
pino de la Corona, ¿dónde estás?,
¿estás más lejos que si yo estuviera lejos?
Y qué canto me arrulla tu copa milenaria
que cobijaba pueblos y alumbraba de su forma
rotunda y vigilante al marinero.
La música mejor
es la que suena y calla, que aparece
y desaparece,
la que concuerda, en un «de pronto»,
con nuestro oír más distraído.
Lo que fue esta mañana ya no es,
ni ha sido más que en mí, gloria suprema,
escena fiel, que yo, que la creaba,
creía de otros más que de mí mismo.
Los otros no lo vieron; mi nostalgia,
que era de estar con ellos,

era de estar conmigo, en quien estaba.
La gloria es como es, nadie la mueva,
no hay cosa que quitar ni que poner,
y el dios actual está muy lejos, distraído
también con tanta menudencia grande que le piden.
Si acaso, en sus momentos
de jardín, cuando acoje al niño libre,
lo único grande que ha creado,
se encuentra pleno en un sí pleno.
Qué bellas estas flores secas
sobre la yerba fría del jardín que ahora
es nuestro. ¿Un libro, libro?
Bueno es dejar un libro
grande a medio leer, sobre algún banco,
lo grande que termina; y hay que darle
una lección al que lo quiere terminar,
al que pretende que lo terminemos.

Grande es lo breve
y si queremos ser y parecer más grandes,
unamos con amor. El mar no es
más que gotas unidas, ni el saber
que palabras unidas, ni el amor
que murmullos unidos, ni tú, cosmos,
que cosmillos unidos. Lo más bello
es el átomo último,
el solo indivisible
y que por serlo no es, ya más, pequeño.
Unidad de unidades es lo uno;
y qué viento más plácido levanta
esas nubes menudas al cénit,
qué dulce luz en esta suma roja única.

Suma es la vida suma, y dulce.
Dulce como esta luz era el amor,
qué plácido este amor también. Sueño, ¿he dormido?
Hora celeste y verde toda y solos,
hora en que las paredes y las puertas
se desvanecen como agua, aire,
y el alma sale y entra en todo, de y por todo,
con una comunicación de luz y sombra.
Todo ve con la luz de dentro, todo es dentro,
y las estrellas no son más que chispas
de nosotros que nos amamos,
perlas bellas
de nuestro roce fácil y tranquilo.
Qué luz tan buena para nuestra vida
y nuestra eternidad. El riachuelo iba
hablando bajo por aquel barranco,
entre las tumbas, casas de las laderas verdes;
valle dormido, valle adormilado.
Todo estaba en su verde, en su flor; los mismos muertos
en verde y flor de muerte;
la piedra misma estaba en verde y flor de piedra.
Allí se entraba y se salía
como en el lento anochecer, del lento amanecer.
Todo lo rodeaba piedra, cielo, río;
y cerca el mar, más muerte que la tierra,
el mar lleno de muertos de la tierra,
sin casa, separados, engullidos
por una variada dispersión.
Para acordarme de porqué he nacido,
vuelvo a ti, mar. «El mar que fue mi cuna,
mi gloria y mi sustento,
el mar eterno y solo
que me llevó al amor»; y del amor

es este mar que ahora
viene a mis manos, ya más duras,
como un cordero blanco
a beber la dulzura del amor.
Amor el de Eloísa; qué ternura,
qué sencillez, qué realidad perfecta.
Todo claro y nombrado con su nombre
en llena castidad. Y ella, enmedio de todo,
intacta de lo bajo entre lo pleno.
Si tu mujer, Pedro Abelardo, pudo ser así,
el ideal existe, no hay que falsearlo.
Tu ideal existió, ¿por qué lo falseaste,
necio Pedro Abelardo?
Hombres, mujeres, hombres,
hay que encontrar el ideal, que existe.
Eloísa, Eloísa, ¿en qué termina
el ideal, y di, qué eres ahora
y dónde estás? ¿Por qué, Pedro Abelardo vano,
la mandaste al convento y tú te fuiste
con los monjes plebeyos, si ella era,
el centro de tu vida, su vida, de la vida,
y hubiera sido igual contigo ya capado,
que antes, si era el ideal? No lo supiste
y yo soy quien lo sé, desobediencia
de la dulce obediente, plena gracia.
Amante, madre, hermana, niña tú, Eloísa,
qué bien te conocías y te hablabas,
qué tiernamente te nombrabas a él,
y qué azucena verdadera fuiste.
Otro hubiera podido oler la flor
de la verdad fatal que dio tu tierra.
No estaba seco el árbol del invierno,
como se dice, y yo creí en mi juventud;

como yo, tiene el verde, el oro, el grana
en la raíz y dentro, muy adentro, tanto
que llena de color doble infinito.
Tronco de invierno soy, que en la muerte
va a dar de sí la copa doble llena
que ven sólo como es los deseados.
Vi un tocón, a la orilla del mar neutro;
arrancado del suelo, era
como un muerto animal; la muerte daba
a su quietud seguridad de haber estado vivo;
sus arterias cortadas con el hacha,
echaban sangre todavía. Una miseria,
un rencor de haber sido así arrancado
de la tierra, salía de su entraña endurecida
y se espandía con el agua y por la arena,
hasta el cielo infinito, azul.
La muerte, y sobre todo, el crimen,
da igualdad a lo vivo, lo más y menos vivo,
y lo menos parece siempre con la muerte más.
No, no era todo menos, como dije un día, «todo es menos»,
todo era más, y por haberlo sido,
es más morir para ser más, del todo más.
¿Qué ley de vida juzga con su farsa
a la muerte sin ley y la aprisiona
en la impotencia? Sí, todo, todo ha sido más
y todo será más. No es el presente
sino un punto de apoyo o de comparación,
más breve cada vez; y lo que deja
y lo que coge, más, más grande.
No, ese perro que ladra al sol caído,
no ladra en el Monturrio de Moguer,
ni cerca de Carmona de Sevilla,
ni en la calle Torrijos de Madrid;

ladra en Miami, Coral Gables, La Florida,
y yo lo estoy oyendo allí,
allí, no aquí, no aquí, allí, allí.
Qué vivo ladra siempre el perro al sol que huye;
y la sombra que viene llena el punto
redondo que ahora pone el sol sobre la tierra,
como un agua su fuente,
el contorno en penumbra alrededor;
y alrededor, después, todos los círculos
que llegan hasta el límite redondo
de la esfera del mundo, y siguen, siguen.
Yo te oí, perro, siempre,
desde mi infancia, igual que ahora; tú no cambias
en ningún sitio, eres igual
a ti mismo, como yo. Noche igual,
todo sería igual si lo quisiéramos,
si serlo lo dejáramos. Y si dormimos,
qué abandonada queda la otra realidad.
Nosotros les comunicamos a las cosas
nuestra inquietud de día, de noche nuestra paz.
¿Cuándo, cómo duermen los árboles?
«Cuando los deja el viento dormir», dijo la brisa.
Y cómo nos precede, brisa quieta y gris, el perro fiel
cuando vamos a ir de madrugada
adonde sea, alegres o pesados;
él lo hace todo, triste o contento, antes que nosotros.
Yo puedo acariciar como yo quiera
a un perro, un animal cualquiera, y nadie dice nada;
pero a mis semejantes no, no está bien visto
hacer lo que se quiera con ellos, si lo quieren
como un perro.
Vida animal, ¿hermosa vida? ¡Las marismas
llenas de bellos seres libres, que me esperan

en un árbol, un agua o una nube,
con su color, su forma, su canción, su gesto,
su ojo,
su comprensión hermosa,
dispuestos para mí que los entiendo!
El niño todavía me comprende,
la mujer me quisiera comprender,
el hombre... no, no quiero nada con el hombre,
es estúpido, infiel, desconfiado[1]
y cuando más adulador, científico.
Cómo se burla la naturaleza
del hombre, de quien no la comprende como es.
Y todo debe ser o es echarse a dios
y olvidarse de todo lo creado
por dios, por sí, por lo que sea.
«Lo que sea», es decir, la verdad única,
yo te miro como me miro a mí
y me acostumbro a toda tu verdad como a la mía.
Contigo, «lo que sea», soy yo mismo,
y tú, tú mismo, misma, «lo que seas».
¿El canto?
¡El canto, el pájaro otra vez!
¡Ya estás aquí, ya has vuelto, hermosa, hermoso,
con otro nombre,
con tu pecho azul gris cargado de diamante.
¿De dónde llegas tú,
tú en esta tarde gris con brisa cálida?,
¿qué dirección de luz y amor
sigues entre las nubes de oro cárdeno?
Ya has vuelto a tu rincón verde sombrío.

---

[1] Estos dos versos faltan en la grabación (N. del E.)

28

¿Cómo tú, tan pequeño, di, tú lo llenas todo
y sales por el más?
Sí, sí, una nota de una caña,
de un pájaro, de un niño, de un poeta,
lo llena todo y más que el trueno.
El estrépito encoje, el canto agranda.
Tú y yo, pájaro, somos uno;
cántame, canta tú, que yo te oigo,
que mi oído es tan justo por tu canto;
ajústame tu canto más a este oído mío
que espera que lo llenes de armonía.
Vas a cantar, toda otra primavera,
vas a cantar.
¡Otra vez tú, otra vez la primavera,
la primavera enmedio de la primavera!
Si supieras lo que eres para mí.
¿Cómo podría yo decirte lo que eres,
lo que eres tú, lo que soy yo, lo que eres para mí?
¡Cómo te llamo, cómo te escucho, cómo te adoro, hermano
    eterno,
pájaro de la gracia y de la gloria,
humilde, delicado, ajeno,
ángel del aire nuestro,
derramador de música completa!
Pájaro, yo te amo, como a la mujer,
a la mujer, tu hermana más que yo.
Sí, bebe ahora el agua de mi fuente,
pica la rama, salta lo verde, entra, sal,
rejistra toda tu mansión de ayer,
mírame bien a mí, pájaro mío,
consuelo universal de hombre y mujer, mujer y hombre.
Vendrá la noche inmensa, abierta toda,
en que me cantarás del paraíso,

en que me harás el paraíso, aquí, yo, tú,
aquí, ante el echado insomnio de mi ser.
Pájaro, amor, luz, esperanza,
nunca te he comprendido como ahora,
nunca he visto tu dios como hoy lo veo,
el dios que acaso fuiste tú y que me comprende.
Los dioses no tuvieron más sustancia
que la que tienes tú.
¡Qué hermosa primavera nos aguarda
en el amor, fuera del odio!
¡Ya soy feliz! ¡El canto, tú y tu canto!
El canto...
Yo vi jugando al pájaro y la ardilla,
al gato y la gallina, al elefante
y al oso, al hombre con el hombre.
Yo vi jugando al hombre con el hombre,
cuando el hombre cantaba. No, este perro no levanta
los pájaros, los mira, los comprende,
los oye, se echa al suelo, y calla y sueña ante ellos.
¡Qué grande el mundo en paz, qué azul tan bueno
para el que puede no gritar, puede cantar,
cantar y comprender y amar!
Inmensidad, en ti y ahora vivo;
ni montañas, ni casi piedra, ni agua,
ni cielo casi, inmensidad
y todo y sólo inmensidad;
esto que abre y que separa
el mar del cielo, el cielo de la tierra,
y, abriéndolos y separándolos,
los deja más unidos y cercanos,
llenando con lo lleno lejano la totalidad.
Espacio y tiempo y luz en todo yo,
en todos y yo y todos.

Yo con la inmensidad. Esto es distinto,
nunca lo sospeché y ahora lo tengo.
Los caminos son sólo entradas o salidas
de luz, de sombra, sombra y luz, y todo vive en ellos
para que sea más inmenso yo,
y tú seas.
Qué regalo de mundo, qué universo májico,
y todo para todos, para mí. Yo, universo inmenso,
dentro, fuera de ti, segura inmensidad.
Imájenes de amor en la presencia
concreta; suma gracia y gloria de la imajen,
¿vamos a hacer eternidad, vamos a hacer la eternidad,
vamos a ser eternidad,
vamos a ser la eternidad?
Vosotras, yo, podremos
crear la eternidad una y mil veces,
cuando queramos. Todo es nuestro
y no se nos acaba nunca. ¡Amor,
contigo y con la luz todo se hace,
y lo que hace el amor no acaba nunca!

(Por La Florida, 1941-42)

De
LA ESTACIÓN TOTAL
(1923-1936)

SITIO PERPETUO

«Aquel purpúreo monte, que tenía
la formación más viva hacia el ocaso,
desviado secreto de espesura»,
vuelve hacia mí, se instala
ante mi fe, lo mismo
que un dios, una inmortal mujer dorada.

   ¿El sabe que es bastante,
sabe que lo esperaba yo cantando,
que es deseado para plenitud,
para paz, para gloria?

   Viajan los lugares, a las horas
propicias. Entrecruzan sin estorbo,
en concesión magnánima de espacio,
sus formas de infinita especie bella,
cada uno a su fe. (Y hacen un mundo
nuevo perpetuamente…)

   «Este mar plano frente a la pared
blanca al sur neto de la noche ébana,
con la luna acercada en inminencia
de alegre eternidad.»

               Así encontramos,
de súbito, hondas patrias imprevistas,
paraísos profundos de hermosura,

que parecieron de otro modo:
claros ante la luz, distintos,
olas bien limitadas, otras,
altos árboles solos, diferentes.

La armonía recóndita
de nuestro estar coincide con la vida.
Y en tales traslaciones, realidades
paralelas, bellísimas, del sueño,
dejamos sonriendo nuestra sien
contra la fresca nube
cuajada, momentánea eternidad,
en un pleno descanso transparente,
advenimiento firme de imposible.

«Mi galería al único levante,
cielo amarillo y blanco trasluciente,
sobre el pozo primero, entre la adelfa.»

PARAÍSO

1
LO QUE SIGUE

Como en la noche, el aire ve su fuente
oculta. Está la tarde limpia como
la eternidad.
          La eternidad es solo
lo que sigue, lo igual; y comunica
por armonía y luz con lo terreno.

  Entramos y salimos sonriendo,
llenos los ojos de totalidad,
de la tarde a la eternidad, alegres
de lo uno y lo otro. Y de seguir,
de entrar y de seguir.
            Y de salir…

  (Y en la frontera de las dos verdades
exaltando su última verdad,
el chopo de oro contra el pino verde,
síntesis del destino fiel, nos dice
qué bello al ir a ser es haber sido.)

3
EL OTOÑADO

Estoy completo de naturaleza,
en plena tarde de áurea madurez,
alto viento en lo verde traspasado.
Rico fruto recóndito, contengo
lo grande elemental en mí (la tierra,
el fuego, el agua, el aire) el infinito.

Chorreo luz: doro el lugar oscuro,
trasmino olor: la sombra huele a dios,
emano son: lo amplio es honda música,
filtro sabor: la mole bebe mi alma,
deleito el tacto de la soledad.

Soy tesoro supremo, desasido,
con densa redondez de limpio iris,
del seno de la acción. Y lo soy todo.
Lo todo que es el colmo de la nada,
el todo que se basta y que es servido
de lo que todavía es ambición.

HADO ESPAÑOL DE LA BELLEZA

Te veo mientras pasas
sellado de granates primitivos,
por el turquí completo de Moguer.

   Te veo sonreír; acariciar, limpiar,
equilibrar los astros desviados
con embeleso cálido de amor;
impulsarlos con firme suavidad
a sostener la maravilla exacta
de este cuartel del incesante mundo.

   (No sé si eres el único
o la réplica májica del único;
pero, uno entre dioses descielados tú,
solo entre carnes de ascensión,
sin leyes que te afeen la mirada
yo voy a ti porque te veo
trabajando belleza desasida,
en tus días sin trono,
en tus noches en pie.)

Te veo infatigable variando
con maestría inmensamente hermosa
decoraciones infinitas
en el desierto oeste de la mar;
te veo abrir, mudar tesoros,
sin mirar que haya ojo que te mire,

¡rey del gozo en la obra sola y alta,
hado inventor, ente continuador
de lo áureo y lo insólito!

FLOR QUE VUELVE

Igual, la flor retorna
a limitarnos el instante azul,
a dar una hermandad gustosa a nuestro cuerpo,
a decirnos, oliendo inmensamente,
que lo breve nos basta.

Lo breve al sol de oro, al aire de oro,
a la tierra de oro, al áureo mar;
lo breve contra el cielo de los dioses,
lo breve enmedio del oscuro no,
lo breve en suficiente dinamismo,
conforme entre armonía y entre luz.

Y se mece la flor, con el olor
más rico de la carne,
olor que se entra por el ser y llega al fin
de su sinfín, y allí se pierde,
haciéndonos jardín.

La flor se mece viva fuera, dentro,
con peso exacto a su placer.
Y el pájaro la ama y la estasía,
y la ama, redonda, la mujer,
y la ama y la besa enmedio el hombre.

¡Florecer y vivir, instante
de central chispa detenida,

abierta en una forma tentadora;
instante sin pasado,
en que los cuatro puntos cardinales
son de igual atracción dulce y profunda:
instante del amor abierto
como la flor!
Amor y flor en perfección de forma,
en mutuo sí frenético de olvido,
en compensación loca;[1]
olor, sabor y olor,
color, olor y tacto, olor, amor, olor.

El viento rojo la convence
y se la lleva, rapto delicioso,
con un vivo caer que es un morir
de dulzor, de ternura, de frescor;
caer de flor en su total belleza,
volar, pasar, morir de flor y amor
en el día mayor de la hermosura,
sin dar pena en su irse ardiente al mundo,
ablandando la tierra sol y sombra,
perdiéndose en los ojos azules de la luz!

---

[1] Por defectos en la grabación original, estos versos no quedan reproducidos (N. del E.)

CON LA FLOR MÁS ALTA

1
LA PERDIDA

Perdida en la noche inmensa.
¿Quién la encontrará?
El que muere, cada noche
más lejos se va.

Lejos, a la no esperanza.
Para quien se fue,
aunque el que se quede implore,
no vale la fe.

Y morirnos tras la muerte,
no nos quita cruz,
que cada muerto camina
por distinta luz.

SER EN FLOR

Lo he visto en el frío
de la tierra en sombra,
al ponerse el sol.
Blanco, leve y rosa.

Con la fina fuerza
de su vida pronta
cruzaba las noches,
de aurora en aurora.

Salía más bello
por la inmensa boca,
la bóveda negra.
Leve, blanco y rosa.

Y si despertaba
seria el alma sola,
él le sonreía
dándole su hoja.

Dándole valor
con su breve gloria
al salir el sol.
Blanco, leve y rosa.

CRIATURA AFORTUNADA

Cantando vas, riendo por el agua,
por el aire silbando vas, riendo,
en ronda azul y oro, plata y verde,
dichoso de pasar y repasar
entre el rojo primer brotar de abril,
¡forma distinta, de instantáneas
igualdades de luz, vida, color,
con nosotros, orillas inflamadas!

    ¡Qué alegre eres tú, ser,
con qué alegría universal eterna!
¡Rompes feliz el ondear del aire,
bogas contrario el ondular del agua!
¿No tienes que comer ni que dormir?
¿Toda la primavera es tu lugar?
¿Lo verde todo, lo azul todo,
lo floreciente todo es tuyo?
¡No hay temor en tu gloria;
tu destino es volver, volver, volver,
en ronda plata y verde, azul y oro,
por una eternidad de eternidades!

    Nos das la mano, en un momento
de afinidad posible, de amor súbito,
de concesión radiante;
y, a tu contacto cálido,
en loca vibración de carne y alma,

nos encendemos de armonía,
nos olvidamos, nuevos, de lo mismo,
lucimos, un instante, alegres de oro.
¡Parece que también vamos a ser
perenes como tú,
que vamos a volar del mar al monte,
que vamos a saltar del cielo al mar,
que vamos a volver, volver, volver
por una eternidad de eternidades!
¡Y cantamos, reímos por el aire,
por el agua reímos y silbamos!

   ¡Pero tú no te tienes que olvidar,
tú eres presencia casual perpetua,
eres la criatura afortunada,
el mágico ser solo, el ser insombre,
el adorado por el calor y gracia,
el libre, el embriagante robador,
que, en ronda azul y oro, plata y verde,
riendo vas, silbando por el aire,
por el agua cantando vas, riendo!

CONFUSIÓN DE LA ROSA ELLA

1
ROSA DE SOMBRA

Quien fuera no me vio, me vio su sombra
que vino justa, cálida a asomarse
por mi vida entreabierta,
esencia gris sin más olor;
ola en donde dos ojos hechos uno se inmensaban.

(Sombras que ven del todo, y no reciben
mirada. Nos alarman, mas son invulnerable-
mente tranquilas como aceite.

Con su espiralidad de escorzo exacto inventan
todo acto imposible de espionaje,
de introducción, de envolvimiento.

Sobrecojen sin miedo,
muerden sin labio,
se van sin compromiso.

A veces nos dejaron una rosa,
esencia gris sin más olor,
prenda sensual de fe sin nombre.)

Una rosa de sombras y de sombra,
alargada a mi mano esbeltamente,
con música sin son, con corrida sonrisa,
por cuerpo que no vio,
guardo en mi mano abierta.

MIRLO FIEL

Cuando el mirlo, en lo verde nuevo, un día
vuelve, y silba su amor, embriagado,
meciendo su inquietud en fresco de oro,
nos abre, negro, con su rojo pico,
carbón vivificado por su ascua,
un alma de valores armoniosos
mayor que todo nuestro ser.

No cabemos, por él, redondos, plenos,
en nuestra fantasía despertada.
(El sol, mayor que el sol,
inflama el mar real o imaginario,
que resplandece entre el azul frondor,
mayor que el mar, que el mar.)
Las alturas nos vuelcan sus últimos tesoros,
preferimos la tierra donde estamos,
un momento llegamos,
en viento, en ola, en roca, en llama,
al imposible eterno de la vida.

La arquitectura etérea, delante,
con los cuatro elementos sorprendidos,
nos abre total, una,
a perspectivas inmanentes,
realidad solitaria de los sueños,
sus embelesadoras galerías.
La flor mejor se eleva a nuestra boca,

la nube es de mujer,
la fruta seno nos responde sensual.

   Y el mirlo canta, huye por lo verde,
y sube, sale por lo verde, y silba,
recanta por lo verde venteante,
libre en la luz y la tersura,
torneado alegremente por el aire,
dueño completo de su placer doble;
entra, vibra silbando, ríe, habla,
canta… Y ensancha con su canto
la hora parada de la estación viva,
y nos hace la vida suficiente.

   ¡Eternidad, hora ensanchada,
paraíso de lustror único, abierto
a nosotros mayores, pensativos,
por un ser diminuto que se ensancha!
¡Primavera, absoluta primavera,
cuando el mirlo ejemplar, una mañana,
enloquece de amor entre lo verde!

De
DIOS DESEADO Y DESEANTE
(1949)

LA TRANSPARENCIA, DIOS,
LA TRANSPARENCIA

Dios del venir, te siento entre mis manos,
aquí estás enredado conmigo, en lucha hermosa
de amor, lo mismo
que un fuego con su aire.

   No eres mi redentor, ni eres mi ejemplo,
ni mi padre, ni mi hijo, ni mi hermano;
eres igual y uno, eres distinto y todo;
eres dios de lo hermoso conseguido,
conciencia mía de lo hermoso.

   Yo nada tengo que purgar.
Toda mi impedimenta
no es sino fundación para este hoy
en que, al fin, te deseo;
porque estás ya a mi lado,
en mi eléctrica zona,
como está en el amor el amor lleno.

   Tú, esencia, eres conciencia; mi conciencia
y la de otros, la de todos,
con forma suma de conciencia;
que la esencia es lo sumo,
es la forma suprema conseguible,
y tu esencia está en mí, como mi forma.

Todos mis moldes, llenos
estuvieron de ti; pero tú, ahora,
no tienes molde, estás sin molde; eres la gracia
que no admite sostén,
que no admite corona,
que corona y sostiene siendo ingrave.

Eres la gracia libre,
la gloria del gustar, la eterna simpatía,
el gozo del temblor, la luminaria
del clariver, el fondo del amor,
el horizonte que no quita nada;
la trasparencia, dios, la trasparencia,
el uno al fin, dios ahora sólito en lo uno mío,
en el mundo que yo por ti y para ti he creado.

EL NOMBRE CONSEGUIDO
DE LOS NOMBRES

Si yo, por ti, he creado un mundo para ti,
dios, tú tenías seguro que venir a él,
y tú has venido a él, a mí seguro,
porque mi mundo todo era mi esperanza.

Yo he acumulado mi esperanza
en lengua, en nombre hablado, en nombre escrito;
a todo yo le había puesto nombre
y tú has tomado el puesto
de toda esta nombradía.

Ahora puedo yo detener ya mi movimiento,
como la llama se detiene en ascua roja
con resplandor de aire inflamado azul,
en el ascua de mi perpetuo estar y ser;
ahora yo soy ya mi mar paralizado,
el mar que yo decía, mas no duro,
paralizado en olas de conciencia en luz
y vivas hacia arriba todas, hacia arriba.

Todos los nombres que yo puse
al universo que por ti me recreaba yo,
se me están convirtiendo en uno y en un
dios.

El dios que es siempre al fin,
el dios creado y recreado y recreado
por gracia y sin esfuerzo.
El Dios. El nombre conseguido de los nombres.

CONCIENCIA PLENA

Tú me llevas, conciencia plena, deseante dios,
por todo el mundo.
      Y en este mar tercero,
casi oigo tu voz; tu voz del viento
ocupante total del movimiento;
de los colores, de las luces
eternos y marinos.

 Tu voz de fuego blanco
en la totalidad del agua, el barco, el cielo,
lineando las rutas con delicia,
grabándome con fúljido mi órbita segura
de cuerpo negro
con el diamante lúcido en su dentro.

CON LA CRUZ DEL SUR

La Cruz del Sur se echa en una nube
y me mira con ojos diamantinos
mis ojos más profundos que el amor,
con un amor de siempre conocida.

Estuvo, estuvo, estuvo
en todo el cielo azul de mi inmanencia;
eran sus cuatro ojos la conciencia
limpia, la sucesiva solución de una hermosura
que me esperaba en la cometa,
ya, que yo remontaba cuando niño.

Y yo he llegado, ya he llegado,
en mi penúltima jornada de ilusión
del dios conciente de mí y mío,
a besarle los ojos, sus estrellas,
con cuatro besos solos de amor vivo;
el primero, en los ojos de su frente;
el segundo, el tercero, en los ojos de sus manos
y el cuarto, en ese ojo de su pie de alta sirena.

La Cruz del Sur me está velando
en mi inocencia última,
en mi volver al niñodiós que yo fui un día
en mi Moguer de España.

Y abajo muy debajo de mí, en tierra subidísima,
que llega a mi exactísimo ahondar
una madre callada de boca me sustenta,
como me sustentó en su falda viva,
cuando yo remontaba mis cometas blancas;
y siente ya conmigo todas las estrellas
de la redonda, plena eternidad nocturna.

TAL COMO ESTABAS

En el recuerdo estás tal como estabas.
Mi conciencia ya era casi conciencia,
pero yo estaba triste, siempre triste,
porque aún mi presencia no era la semejante
de esta final conciencia.

    Entre aquellos jeranios, bajo aquel limón,
junto a aquel pozo, con aquella niña,
tu luz estaba allí, dios deseante;
tú estabas a mi lado,
dios deseado,
pero no habías entrado todavía en mí.

    El sol, el azul, el oro eran,
como la luna y las estrellas,
tu chispear y tu coloración completa,
pero yo no podía cojerte con tu esencia,
la esencia se me iba
(como la mariposa de la forma)
porque la forma estaba en mí
y al correr tras lo otro la dejaba;
tanto, tan fiel que la llevaba,
que no me parecía lo que era.

    Y hoy, así, sin yo saber por qué,
la tengo entera, entera.
No sé qué día fue ni con qué luz

vino a un jardín, tal vez, casa, mar, monte
y vi que era mi nombre sin mi nombre,
sin mi sombra, mi nombre,
el nombre que yo tuve antes de ser
oculto en este ser que me cansaba,
porque no era este ser que hoy he fijado
(que pude no fijar)
para todo el futuro iluminado
iluminante,
dios deseado y deseante.

SOY EL ANIMAL DE FONDO

«En el fondo de aire» (dije) «estoy»,
(dije) «soy animal de fondo de aire» (sobre tierra),
ahora sobre mar; pasado, como el aire, por un sol
que es carbón allá arriba, mi fuera, y me ilumina
con su carbón el ámbito segundo destinado.

    Pero tú, dios, también estás en este fondo
y a esta luz ves, venida de otro astro;
tú estás y eres
lo grande y lo pequeño que yo soy,
en una proporción que es ésta mía,
infinita hacia un fondo
que es el pozo sagrado de mí mismo.

    Y en este pozo estabas antes tú
con la flor, con la golondrina, el todo
y el agua; con la aurora
en un llegar carmín de vida renovada;
con el poniente, en un huir de oro de gloria.
En este pozo diario estabas tú conmigo,
conmigo niña, joven, mayor, y yo me ahogaba
sin saberte, me ahogaba sin pensar en ti.
Este pozo que era, solo y nada más ni menos,
que el centro de la tierra y de su vida.

    Y tú eras en el pozo mágico el destino
de todos los destinos de la sensualidad hermosa

que sabe que el gozar en plenitud
de conciencia amadora,
es la virtud mayor que nos trasciende.

Lo eras para hacerme pensar que tú eras tú,
para hacerme sentir que yo era tú,
para hacerme gozar que tú eras yo,
para hacerme gritar que yo era yo
en el fondo de aire en donde estoy,
donde soy animal de fondo de aire
con alas que no vuelan en el aire,
que vuelan en la luz de la conciencia
mayor que todo el sueño
de eternidades e infinitos
que están después, sin más que ahora yo, del aire.

ÍNDICE